Éditions Lito

illustrations de fañch autret

100% blagues de toto

100 % RIGOLO !

(POIL AUX BOYAUX)

ÉDITOTO... rais pas une blague à raconter ?

Si je suis petit, c'est parce que j'suis pas grand !

J'aime pas Charlemagne
parce qu'il a inventé l'école !

Ma maîtresse, elle est devenue chauve
à force de s'arracher les cheveux !

Si j'ai tout le temps des zéros,
c'est parce qu'il n'y a pas de notes en dessous !

Mais c'est sûrement de famille !
L'autre jour, par exemple, ma mère m'a acheté
une montre étanche pour me laver.

Quant à mon père, il prend les feux verts
pour des grenouilles !

Je suis insolent, intrépide et malpoli,
et j'ai une belle forêt de baobabs dans la main...

... Mais question blagues,
je suis imbattable !

SOMMAIRE

QU'EST-CE QUE VOUS AVEZ
À VOUS MARRER COMME ÇA ?
?

TOTO

EN FAMILLE

Repas en famille

L'histoire se passe le matin de Noël. Toto a reçu en cadeau sa première montre et son premier parfum, une eau de toilette. Il est excité comme une puce et embête tout le monde à vouloir qu'on mette l'oreille sur son poignet pour entendre la montre et qu'on sente son cou...

Midi arrive.

Toute la famille est invitée pour un bon repas...

La maman de Toto lui a bien précisé :

- Si tu nous embêtes encore avec ta montre et ton parfum, tu finiras la journée dans ta chambre avec interdiction de descendre !

Finalement, le repas se passe bien et Toto arrive à tenir sa langue jusqu'au dessert...

Mais là, il n'y tient plus et dit bien fort à toute l'assemblée :

- Si vous entendez quelque chose ou si vous sentez quelque chose... c'est moi !

JE SENS BON ET JE DONNE L'HEURE!
QUI SUIS-JE?
UNE HORLOGE DANS UN BAIN MOUSSANT ?
... QUI DISENT QU'IL EST L'HEURE DE SE LEVER!
JE SENS BON ET JE DONNE L'HEURE!
QUI SUIS-JE?
L'ODEUR DE PAIN GRILLÉ ...
... ET DE CAFÉ CHAUD ...
TIC TAC
JE SENS BON ET JE DONNE L'HEURE...
QUI SUIS-JE?
LE TEMPS N'A PAS D'ODEUR!

ha! ha! ha! ha! ha! ha! ha! ha! ha! ha! ha!

En hiver

C'est l'hiver. Toto attend avec impatience les premiers flocons de neige. Il est tout excité quand les boules de coton commencent à former un doux matelas blanc. Fou de joie, il se précipite à la porte de la maison, criant à ses parents :

- Il neige ! Vous vous souvenez de l'accord qu'on avait passé ensemble ? Laissez-moi entrer maintenant !

Que font tes parents ?

Le professeur demande à Toto :

-Quel est le travail de ton père ?

- Fonctionnaire, répond-il.

- Et ta mère ?

- Ben, elle fait rien non plus.

hi! hi! hi! hi! hi! hi!

maman je t'aime

TOTO
ET SA MÈRE

ha! ha! ha! ha! ha! ha! ha! ha! ha! ha! ha! ha! ha!

Tel fils, telle mère

- Ça y est, dit la mère de Toto à une amie, j'ai enfin décidé mon fils à prendre un bon bain tous les soirs.
- Vous lui avez démontré combien il est important de se sentir propre ?
- Mieux que ça ! Je lui ai acheté une montre étanche.

Les mains sales

La mère de Toto lui dit un jour :

- Enfin Toto, que dirais-tu si tu me voyais avec des mains aussi sales à table ?

- J'aurais la délicatesse de ne pas te le faire remarquer !

crème de beauté

Toto, intrigué, regarde sa maman se mettre de la crème de soin sur le visage :

- Qu'est-ce que tu fais, maman ?
- Je me mets de la crème pour paraître plus belle, mon chéri.

Et, en disant cela, elle retire l'excès de crème avec un coton démaquillant.

Toto, qui n'en perd pas une miette, lui demande alors :

- Qu'est-ce qui se passe ? Tu abandonnes ?

PAS DE TEMPS À PERDRE !
JE SUIS PRESSÉ, MAMAN !
VITE
VITE
VITE
VITE
TU N'AS PAS VU MON STYLO ?
VITE
VITE
MAIS SI, MON CHÉRI...
IL EST DERRIÈRE TON OREILLE !
VITE
VITE
JE N'AI PAS DE TEMPS À PERDRE !
VITE
VITE
VITE
DIS-MOI DERRIÈRE LAQUELLE !

Ouh ! le menteur !

- Maman, dit Toto en rentrant en larmes de l'école, tout le monde me traite de menteur !
- Ça, dit la mère, je ne te crois pas !

Le travail c'est la santé

- Je suis trop fatigué pour faire mes exercices de calcul, dit Toto à sa mère.
- C'est ridicule, le travail n'a jamais tué personne !
- Pourquoi devrais-je risquer d'être le premier ?

Histoire de cheveux

mon père c'est le plus fort !

TOTO

ET SON PÈRE

Premier de la classe

Le père de Toto dit un jour à son fils :

- J'ai toujours été premier de la classe !

- Toi papa ? Ça m'étonne !

- Oui, oui, dit le père, je te le dis ! Tous les matins, à huit heures, j'étais là !

Le yacht

TOTO ET SON PAPA SE PROMÈNENT AU BORD D'UN LAC...

- OH PAPA, REGARDE LE JOLI BATEAU !

- CE N'EST PAS UN BATEAU, C'EST UN YACHT, DIT LE PÈRE.

- COMMENT ÇA S'ÉCRIT YACHT ?

- TU AS RAISON, DIT LE PÈRE... C'EST UN BATEAU.

Feu vert

Toto est en voiture avec son père.
Ils s'arrêtent à un feu rouge.
Toto dit à son père :
- C'est vert.
Pas de réponse.
Toto répète :
- C'est vert.
Toujours pas de réponse.
Toto insiste :
- Je te dis que c'est vert.
Le père répond enfin :
- Je sais pas moi... une grenouille ???!!!!

Toto mécanicien

Toto vient de faire son premier tour en voiture tout seul... Et il revient sans la voiture.

- Qu'est-ce qui se passe, Toto ?

- Je crois que la voiture a de l'eau dans le carburateur, papa.

- Mais quel fils que j'ai ! Il a douze ans, il sait conduire une voiture, et si elle tombe en panne, il sait dire ce qui s'est passé. Tu seras un grand mécano comme papa, toi aussi !

Et où as-tu laissé la voiture ?

- Dans le lac, papa...

Comment faire des économies

Toto dit à son père :
- Papa, j'ai économisé 2 euros en courant derrière un bus.
Son père lui répond :
- Imbécile, tu aurais couru derrière un taxi, tu en aurais économisé 20 !

Quel cochon !

LA FAMILLE EST À TABLE ET TOTO, LE FILS, MANGE SALEMENT.
LE PÈRE : TU MANGES VRAIMENT COMME UN GORET !
LE FILS : HEIN ?
LE PÈRE : TU SAIS AU MOINS CE QUE C'EST UN GORET ?
LE FILS : OUI, C'EST LE FILS DU COCHON…

ha! ha! ha! ha! ha! ha! ha!
ha! ha! ha! ha! ha!

s'te plaît papa !

Tu sais, papa, dit Toto, ça me tracasse,
le soir, pendant que je regarde la télé,
de te voir, dans ton bureau,
en train de faire des heures
supplémentaires pour m'acheter
des jouets...
Alors, s'il te plaît, tu pourrais pas
fermer ta porte ?

La punition

Toto rentre de l'école et dit à son père :

- La maîtresse a lu ta lettre où tu protestais parce qu'elle m'avait donné cent lignes à faire.

- Et qu'est-ce qu'elle a dit ?

- Que tu copies deux cents fois, pour demain le mot « salutations », en l'écrivant cette fois avec un « t » et non pas avec deux « s ».

Merci papa

C'est le petit Toto qui accompagne son papa à la pêche par cette belle après-midi de samedi. Alors qu'ils attendent que ça morde, Toto demande :

- Dis, papa, comment ça se fait que les barques flottent sur l'eau au lieu de couler ?

Et le père répond :

- Oh ça ! J'en sais rien, Toto…

Un peu plus tard, Toto revient à la charge :

- Dis, papa, comment font les poissons pour respirer sous l'eau ?
- Oh ça ! Je ne sais pas, fils…

Encore un peu plus tard :

- Dis, papa, pourquoi le ciel est bleu ?
- Aucune idée, Toto.

Plus tard, Toto demande encore :

- Papa, ça ne t'embête pas si je te pose toutes ces questions ?
- Bien sûr que non, Toto : si tu ne posais aucune question, tu n'apprendrais jamais rien.

QUESTIONS POUR UN CHAMPION

TOTO

ET SON GRAND FRÈRE DÉDÉ

La guitare de Dédé

C'est Dédé, le grand frère de Toto,
qui vient de recevoir une guitare pour Noël...
Alors, tous les soirs, il s'entraîne à jouer
dans sa chambre. Et tous les soirs,
Toto embête son grand frère :
- J'peux essayer, dis ? Allez, laisse-moi essayer...
Mais le grand frère continue à gratter les cordes.
Finalement, un soir, le grand frère
cède et passe la guitare à Toto en lui disant :
- La voilà. Alors qu'est-ce que tu veux essayer ?
Et Toto regarde son grand frère et lui dit :
- Je veux essayer de la remettre dans son étui.

Que fais-tu ?

La maman demande à Toto :
- Que fais-tu ?
- Rien !
- Et ton frère ?
- Il m'aide !

Les bons comptes font... Les bons amis

TOTO ET SA PETITE SŒUR NINI

hi! hi! hi!

La petite sœur de Toto

hi! hi!

C'est Nini, la petite sœur de Toto, qui rentre de l'école et demande à son père :

- Tu connais la dernière ?

- Non ?

- Ben, c'est moi !

La petite sœur

Dans la cour de récréation, deux gamins discutent.

- Je viens d'avoir une petite sœur, dit Toto. Mais j'aurais préféré un petit frère.

- Eh bien, dit son copain, tu n'as qu'à demander à tes parents d'aller l'échanger !

- Impossible, dit Toto, ça fait au moins une semaine qu'on s'en sert !

hi!

La pomme

La maman de Toto s'indigne :
- Pourquoi n'as-tu pas partagé ta pomme avec ta petite sœur Nini ?
- J'ai fait mieux que ça.
Je lui ai donné tous mes pépins
pour qu'elle puisse les semer
et avoir plus tard un verger rien qu'à elle.

TOTO
ET SA MÉMÉ

« IL NE FAUT PAS POUSSER MÊMÊ DANS LES ORTIES ! » *

* DICTON POPULAIRE

LES DENTS

TOTO !
OÙ ES-TU ?
DANS LA SALLE DE BAINS... JE ME BROSSE LES DENTS !
MAIS TU Y ES DEPUIS DES HEURES !
C'EST DONC SI LONG ?
OUI, MÉMÉ !
J'EN AI PROFITÉ POUR BROSSER LES TIENNES !

Malpoli !

En entendant la musique du marchand de glaces, Toto, très mal élevé, dit à sa mère :
- Je veux une glace.
Indignée, sa grand-mère, voulant souligner son impolitesse, le reprend :
- Je veux une glace, s'il te plaît.
- Bon alors, fait le gamin, puisque mémé en veut une aussi, prends-en deux !

TOTO

CHEZ LE DOCTEUR

La grippe

Toto à sa maman :
- Qu'est-ce que j'ai, maman, mes dents claquent comme des castagnettes.
- Ce doit être la grippe espagnole.

La bille

Toto et son copain Robert viennent consulter un docteur.
- Docteur, dit Toto, j'ai avalé une bille par mégarde.
- Ah bon ! Et que veut l'autre garçon ?
- Il espère que vous allez m'aider, car elle est à lui !...

Petit accident...

La maman de Toto, affolée, téléphone à son docteur :
- Docteur, Toto vient d'avaler la moitié d'une bouteille d'encre.
- Qu'est-ce que vous avez fait ?
- Eh bien, on lui a fait manger du papier buvard. Je suppose qu'on a bien fait, non ?

Chez le dentiste

Toto est chez le dentiste. Sa maman le supplie :
- Sois gentil, mon chéri, ouvre la bouche et fais « Haaa »... pour que le docteur puisse enlever ses doigts...

Surdoué de naissance

Le pédiatre interroge Toto :

- Quand s'est-on rendu compte que tu étais surdoué ?

- Oh ! C'était juste après ma naissance. On avait dû me mettre en couveuse, et elle est tombée en panne.

- Et alors ?

- Je l'ai réparée.

Le vaccin

- Maman, aujourd'hui à l'école, on nous a vaccinés contre la grippe, annonce Toto à sa mère en rentrant de l'école.

- Tu n'as pas pleuré, mon petit chéri ?

- Non, pas du tout. Ils ne m'ont pas rattrapé.

Recette pour être en forme

- Tu sais, Robert, pour être en forme,
le docteur veut que je boive
un jus de carottes glacé
après un bain bien chaud...
- Et alors, Toto, tu te sens en forme
maintenant ?
- Je ne sais pas, je n'arrive pas à boire
le bain en entier...

TOTO

ET MONSIEUR LE CURÉ

ha! ha! ha! ha! ha! ha! ha! ha! ha! ha! ha! ha!

S'il vous plaît !!!

Le petit Toto récite sa prière avant d'aller se coucher :
- S'il vous plaît, Seigneur, faites que Varsovie soit la capitale de la Finlande !
Sa mère l'interrompt :
- Pourquoi demandes-tu que Varsovie soit la capitale de la Finlande ?
- Parce que c'est ce que j'ai répondu dans mon contrôle de géographie !!

La prière

Monsieur le curé fait un brin de causette avec le petit Toto à la sortie du catéchisme :

- Alors, comme ça, tu dis que ta maman récite une prière pour toi tous les soirs au moment de dormir ?... C'est très bien. Et qu'est-ce qu'elle dit ?

- « Ouf ! Merci, mon Dieu, il est au lit ! » répond Toto.

attention police

TOTO

ET LA POLICE

Pêche interdite

Toto pêche dans un endroit interdit.
Les gendarmes arrivent :
- Vous ne voyez pas qu'il est interdit de pêcher ?
Toto leur répond :
- Je ne pêche pas, j'apprends à nager à mon asticot.

Toto dans le métro

Un agent de police s'arrête devant Toto qui joue de l'harmonica dans le métro.
- Avez-vous une autorisation pour jouer de l'harmonica ici ?
- Non, Monsieur l'agent...
- Alors, accompagnez-moi, s'il vous plaît !
- Bien sûr, Monsieur l'agent ! Que voulez-vous chanter ?

camenbert

C'est le Toto anglais. Il ne sait pas parler français
et va au marché pour apprendre !
Alors il avance et voit un marchand de fromages
qui crie : « Camembert ! Camembert ! »
Alors Toto retient.
Il avance et voit un jeune couple s'embrasser.
Le gars dit à sa fiancée : « Oh oui, ma chérie !
Tu es belle ! »
Toto retient.
Il avance encore et voit deux personnes
qui se disputent. La première dit à l'autre :
« Vas-y toi-même ! »
Alors il avance, il avance et bouscule un policier.
Le policier lui dit :

- Comment tu t'appelles ?
- Camembert ! Camembert ! crie Toto.
- Tu te paies ma tête !?
- Oh oui, ma chérie ! Tu es belle !
- Je t'emmène tout de suite au poste !
- Vas-y toi-même....

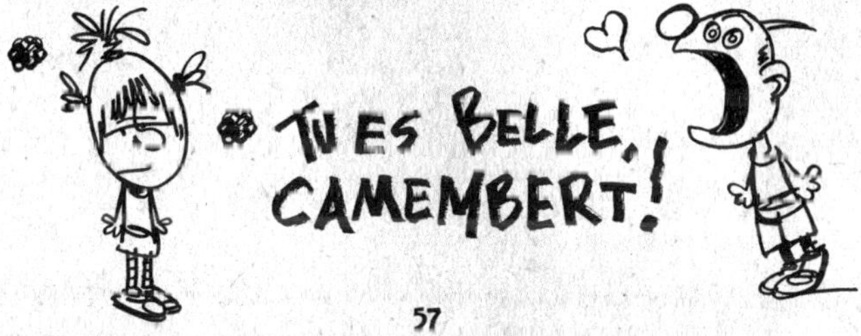

TOTO À L'ÉCOLE

La rentrée

Toto rentre à la maison après sa première journée à l'école primaire.

- Alors, Toto, tu as appris beaucoup de choses aujourd'hui ?

- Pas assez en tout cas : ils veulent que j'y retourne demain...

Motif d'absence

Charlemagne

La maîtresse demande à Toto :

- Pourquoi Charlemagne a-t-il inventé l'école ?

- Parce qu'il ne risquait plus rien.

Il était trop vieux pour y aller !

ha! ha! ha! ha! ha! ha! ha! ha! ha! ha! ha!

La bouée

La maîtresse demande à Toto :
- Pourquoi apportes-tu une bouée de sauvetage à l'école ?
- Pour ne pas couler...

RENTRÉE DES CLASSES

hi!

Le fromage

La maîtresse demande à Toto :
- Qu'est-ce que tu fais avec ces cubes de fromage sur l'ordinateur ?
- Euh... Hier, vous nous avez dit que ce matin on travaillerait avec une souris...

hi!

Que veux-tu faire plus tard ?

hi! hi! hi! hi!

La maîtresse interroge les élèves de la classe :
- Michèle, quel métier voudrais-tu faire quand tu seras plus grande ?
- Vétérinaire, Madame !
- Et toi, Robert ?
- Je voudrais devenir cosmonaute !
- Et toi, Toto, qu'est-ce que tu seras quand tu auras fini l'école ?
- Fou de plaisir !

La loi de la gravitation

La maîtresse explique aux élèves :
- Si nous tenons debout, c'est grâce à la loi de la gravitation.

Toto l'interrompt :
- Mais alors, m'dame, comment faisaient les gens avant que la loi ne soit votée ?

Les Esquimaux

La maîtresse demande à ses élèves :
- Comment appelle-t-on la maison des Esquimaux ?

Toto lève la main :
- Le congélateur !

La punition

Malgré les menaces de punition, Toto s'obstine à tutoyer sa maîtresse. Celle-ci, à bout de patience, lui donne à copier cinquante fois :

« Je ne dois pas tutoyer mon institutrice. »

Toto revient le lendemain avec la punition.

- Pourquoi as-tu copié la phrase cent fois au lieu de cinquante ? s'étonne la maîtresse.

- C'est pour te faire plaisir !

La chanson de TOTO

L'histoire se passe dans une salle de classe, à l'école primaire. L'inspecteur est venu inspecter les cours que dispense la maîtresse. Celle-ci pose la question à l'ensemble des têtes blondes :

- Qui veut nous chanter une chanson pour Monsieur l'inspecteur ?

Dix mains se lèvent. L'institutrice désigne tour à tour les gentils volontaires, mais n'interroge pas un petit, car elle sait qu'il a une réputation de cancre et de voyou.

L'inspecteur lui fait la remarque :

- Mademoiselle, vous n'avez pas interrogé cet enfant-là, à côté de moi. On dirait que lui aussi veut chanter.

- Ben, c'est que, euh…

Et puis tant pis, se dit notre charmante maîtresse, il faut bien que je l'interroge…

- Vas-y, Toto (car il s'appelle comme ça).
Que vas-tu nous chanter ?

- Les tétons, m'dame.

- ???

- Ah ! Bravo, Mademoiselle, fait l'inspecteur, je vois que vous leur apprenez de belles choses.

- Je ne comprends pas, Monsieur, je vous l'assure !

Et l'institutrice, complètement désolée, dit à Toto :

- Bon, vas-y, mon petit, chante-nous ta chanson...

Et Toto :

- Les tétons, petit navireeeuuuuh, les tétons, petit navireeeuuuuh...

LES CHORISTES

marre de l'école !

TOTO ET LES MATIÈRES À L'ÉCOLE

Le stylo de papa

La maîtresse fait remarquer à Toto :

- C'est très curieux mais, sur ce devoir de mathématiques, il me semble reconnaître l'écriture de ton père.
- Ça, fait le gamin, ce n'est pas étonnant : je me suis servi de son stylo.

Leçon de mathématiques

Pendant un cours de mathématiques, la maîtresse demande à Toto :

- Si j'ai trois pommes à diviser en sept parties égales, que dois-je faire ?
- De la compote, Madame ! répond Toto.

La Lune

La maîtresse demande à Toto :
- Qu'est-ce qui est le plus près, l'Angleterre ou la lune ?
- La lune, bien sûr !
- Comment peux-tu penser ça ?
- Ben... la lune, on peut la voir d'ici, l'Angleterre non !

CHOUETTE : CE SOIR, C'EST LA PLEINE ANGLETERRE !

Contrôle d'anglais

Au cours d'un contrôle d'anglais, Toto chuchote à son voisin de table :
- Qu'cst-ce que ça veut dire : « I don't know ? ».
- Je ne sais pas.
- Dommage ! Moi, non plus.

Vocabulaire et grammaire

0/20

À l'école, c'est le jour de la leçon de vocabulaire.
La maîtresse dit aux enfants :
- Aujourd'hui, les enfants, nous allons étudier le mot « hameçon ».
Toto, veux-tu nous raconter une histoire en utilisant ce mot, s'il te plaît ?
- Oui, Madame. « Hier, je suis allé au marché avec mon père. Il y avait beaucoup de monde et beaucoup de marchandises. Et mon père, il m'a offert des baskets. »
- Mais Toto, tu n'as pas utilisé le mot « hameçon ».
- Attends, c'est pas fini !
« Les baskets, hameçon trop p'tites ! ».
Consternation de la maîtresse…

Le lendemain, leçon de grammaire.
- Aujourd'hui, nous allons étudier l'épithète. Toto, construis-moi une phrase contenant une épithète.
- Oui, Madame. « Aujourd'hui, il y a du soleil. »
- Il n'y a pas d'épithète dans cette phrase, Toto.
- Pas de problème : « Aujourd'hui, il y a du soleil, épithète que demain il y en aura encore ».

Les oiseaux migrateurs

La scène se passe dans la classe de Toto.

- Aujourd'hui, nous allons étudier les oiseaux migrateurs, dit la maîtresse. Est-ce que quelqu'un peut m'en citer un ?

Aline prend la parole :

- La cigogne.

- Bien, Aline. Quelqu'un d'autre ?

Et Toto répond :

- Moi Madame ! Les poux !

- Mais enfin Toto, ce ne sont pas des oiseaux migrateurs !

- Mais si, Madame ! Quand ils sont sur ma tête, ils migratent, ils migratent.

TOTO

ET LES NOTES

ha! ha! ha! ha! ha! ha!

ha! ha! ha! ha! ha!

Le marché

Le père de Toto n'en peut plus de voir son fils ramener des mauvaises notes à la maison. Il lui propose un marché :

- Écoute, Toto. À partir d'aujourd'hui, tu n'auras plus que des bonnes notes à l'école. Et tu sais pourquoi ? Parce que si tu ramènes chaque semaine une bonne note, je te donnerais 20 euros. Tu as compris ?

- Et comment ! répond Toto.

Le lendemain, après la classe, il va voir sa maîtresse et lui glisse à l'oreille :

- Cela vous dirait de gagner 10 euros par semaine ?

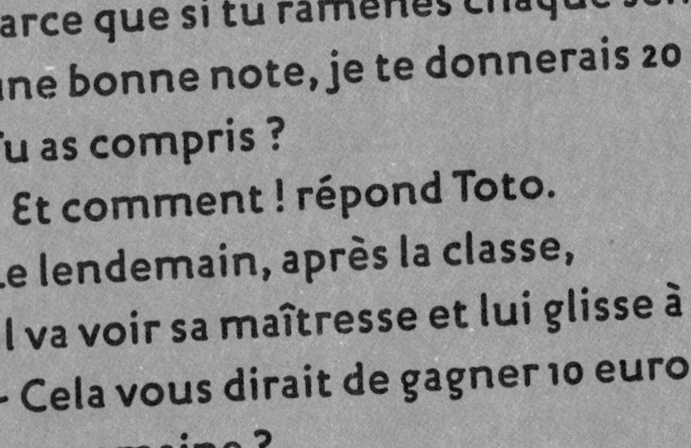

hi! hi!
c'est logique
TOTO ! POURQUOI N'AS-TU JAMAIS DE BONNES NOTES ?
PARCE QUE JE N'EN AI QUE DES MAUVAISES !
CHACUN SON TRUC !

ça va de soi

Maman demande à Toto :

- Pourquoi as-tu de si mauvaises notes ?

- Parce que ce n'est pas moi qui les mets !

Une bonne note

Toto rentre à la maison et dit fièrement :

- Aujourd'hui, j'ai eu un neuf à l'école !

- En quelle matière ?

- En chocolat !

0/20

Jeu de mots

- Toto, ton carnet scolaire est lamentable.
J'aimerais bien voir ta maîtresse d'école aujourd'hui.

- Mais papa, on ne dit pas « la maîtresse décolle »,
mais « l'institutrice prend l'avion ».

20/20 EN ESCALADE DE CERISIER
C'EST EN REDESCENTE QUE JE SUIS MOINS BON !

TOTO ET SES COPAINS

Sans faute !

Un jour, la maîtresse interroge Toto :
- Toto, quelle est la femelle du taureau ?
À ce moment-là, son copain Bastien dit à Toto :
- Toto, Toto, on t'a volé ton vélo !
Toto répond :
- Oh, la vache !
La maîtresse :
-Bravo, Toto !
Maintenant Toto, quelle est la femelle du hibou ?
Son ami Bastien dit à Toto :
- Toto, Toto, on a retrouvé ton vélo.
Toto répond :
- Oh, c'est chouette !
La maîtresse, satisfaite, lui dit :
- Encore bravo, Toto !

Le baiser

Jessica rentre de l'école tout excitée :
- Maman, maman, Toto m'a embrassée sur la bouche à la récréation !
- Ah bon ! Comment est-ce arrivé ? demande la maman mi-amusée, mi-indignée.
- Ça n'a pas été facile, mais j'ai trois copines qui m'ont aidée à l'attraper.

La bagarre

Toto revient de l'école avec un œil au beurre noir.
- Mais, qu'est-ce qui t'est donc arrivé, Toto ? interroge sa mère.
- Y a un sale garnement qui m'a frappé.
- Et penses-tu que tu le reconnaîtrais si tu le revoyais ?
- Ah ! oui. C'est certain. J'ai une de ses oreilles dans ma poche !

TOTO
PIPI CACA

Ah ! les crocodiles

Dans un village du Congo, la grand-mère du petit Toto l'envoie chercher de l'eau à la mare. Toto s'en va avec son seau, et lorsqu'il s'apprête à lancer le seau dans l'eau, il voit au beau milieu de la mare les deux yeux d'un crocodile qui l'observent.

Au comble de la frayeur, Toto laisse tomber le seau et rentre chez lui vert de peur.

Le voyant revenir sans son seau, sa grand-mère lui dit :

- Et alors, Toto, qu'as-tu fait de ton seau ? Et l'eau ?

Et Toto lui répond, encore paniqué :

- Mémé, je ne peux pas aller chercher de l'eau

à la mare, il y a un gros crocodile dedans qui m'a regardé droit dans les yeux lorsque j'allais prendre de l'eau...
- Ne t'occupe pas de ce croco, Toto. Il est dans la mare depuis une dizaine d'années maintenant et il n'a encore blessé personne. Il a certainement eu plus peur de toi que tu n'en as eu de lui !
Et Toto lui dit :
- Tu sais, mémé, s'il a eu aussi peur de moi que j'ai eu peur de lui... alors l'eau de la mare n'est plus potable !

ha! ha! ha! ha! ha! ha! ha! ha! ha! ha! ha!

Où sont tes parents ?

Un représentant frappe à la porte.
Toto, de l'autre côté de la porte :
- Qui c'est ?
- Bonjour, dis-moi, ton papa est là ?
- Non, il était là y a 5 minutes, mais il est parti.
- Ta maman est là alors ?
Toto :
- Ah, non. Maman était là tout à l'heure, mais elle est partie aussi.
- Y a personne chez toi alors, t'es tout seul ?
- Ah ben oui ! Parce qu'ici, c'est les cabinets.

hi! hi! hi! hi!

Qu'est-ce qui se passe dans les wc ?

TOTO

ET LES ANIMAUX

Le Chien de Toto

C'est l'histoire de Toto, qui a un chien, Baba, qu'il adore plus que tout au monde.

Le jour où se déroule cette histoire, Baba meurt écrasé. La mère de Toto ne sait comment annoncer cette nouvelle à son fils qui va bientôt rentrer de l'école. Elle décide alors de lui préparer un super goûter pour le consoler.

Une fois arrivé à la maison, Toto mange de bon cœur.

Sa mère lui annonce alors la terrible nouvelle :

- Tu sais, Baba est mort.

L'enfant ne réagit pas et continue de manger.

Une fois qu'il a fini, il dit :

- Bon, maintenant, je vais jouer avec Baba.

- Mais je viens de te dire que Baba était mort ! répond sa mère.

L'enfant se met alors à pleurer, à se rouler sur le sol. Une vraie crise de larmes !

Sa mère le prend dans ses bras pour le consoler et lui demande :

- Mais enfin ! Pourquoi n'as-tu pas réagi tout à l'heure quand je t'ai dit que Baba était mort ?

L'enfant alors dit en sanglotant :

- J'avais compris « Papa ».

Les p'tits cochons

EN VACANCES CHEZ SA MÉMÉ, TOTO ADORE S'OCCUPER DES ANIMAUX DE LA FERME. UN JOUR, SA MÉMÉ LUI MONTRE LA TRUIE COUCHÉE SUR LE FLANC EN TRAIN D'ALLAITER SES DOUZE PETITS GORETS.

- REGARDE, TOTO, COMME ELLE EST GROSSE À CÔTÉ DE SES PETITS !
- C'EST NORMAL, MÉMÉ ! ILS SONT TOUS EN TRAIN DE LUI SOUFFLER DEDANS.

La mouche

Regarde maman, un mouche !
- Ce n'est pas un mouche, mon chéri, c'est une mouche.
- Ah oui ?! WOW ! Comment as-tu fait pour savoir que c'était une femelle ?!

100% loisirs dans cette collection :

100 % monsieur et madame...
Plus de 200 Monsieur et Madame... pour jongler avec les noms et les prénoms.

100 % tests pour nous, les filles
Sais-tu vraiment qui tu es ? Es-tu jalouse ? Qu'es-tu prête à faire par amour ? Tu le sauras grâce à ces tests ! Un livre à partager... entre copines !

100 % humour, pour rigoler à la récré
C'est l'heure de la récré, à toi de jouer ! Épate tes copains avec toutes ces blagues, devinettes, charades, combles et Monsieur et Madame : fous rires garantis !

100 % mots croisés
Tu as ton crayon ? Tu es concentré ? Regarde les dessins et les définitions, à toi de jouer ! Pour t'amuser seul, où tu veux, quand tu veux !

100 % jeux pour s'amuser en voiture
Tu ne t'ennuieras plus jamais en voiture ! Avec tous ces jeux, ces chansons, ces anecdotes, ces tests et cette histoire dont tu seras le héros... Alors, quand est-ce qu'on part ?

100 % questions pour les petits champions
Mais qui sera le champion ? Teste tes connaissances avec ces QCM, ces devinettes, ces Qui suis-je ? et ces Vrai-Faux. Pour t'amuser seul, ou tester ta famille, tes copains...

100 % blagues de toto

Avec Toto, le super comique et ses blagues supersoniques,
fais faire de la gymnastique à tes zygomatiques !
Fous rires assurés dans la cour de récré !

100 % numéros magiques

Tu veux mieux te connaître ?
Avec une date de naissance, un prénom et un nom,
tu vas tout découvrir sur toi... et les autres...
Succès assuré !

100 % c'est toi l'espion !

Tu veux devenir un Super Agent Secret ?
C'est possible !
Chiffres en tous sens, lettres camouflées, symboles étranges :
les messages les plus fous n'auront plus de secret pour toi !

Lito
41, rue de Verdun 94500 Champigny-sur-Marne
Imprimé en CEE
Loi n° 49-956 du 16 juillet 1949 sur les publications destinées à la jeunesse
Dépôt légal : janvier 2005